BEI GRIN MACHT SIC
WISSEN BEZAHLT

- Wir veröffentlichen Ihre Hausarbeit,
  Bachelor- und Masterarbeit

- Ihr eigenes eBook und Buch -
  weltweit in allen wichtigen Shops

- Verdienen Sie an jedem Verkauf

Jetzt bei www.GRIN.com hochladen
und kostenlos publizieren

Bibliografische Information der Deutschen Nationalbibliothek:

Die Deutsche Bibliothek verzeichnet diese Publikation in der Deutschen National-
bibliografie; detaillierte bibliografische Daten sind im Internet über http://dnb.d-
nb.de/ abrufbar.

Impressum:

Copyright © 2006 GRIN Verlag, Open Publishing GmbH
Druck und Bindung: Books on Demand GmbH, Norderstedt Germany
ISBN: 9783668569058

Dieses Buch bei GRIN:

http://www.grin.com/de/e-book/380444/einsatz-der-fall-methode-und-komplexer-
fallsituationen

Andreas Rettig

Einsatz der Fall-Methode und komplexer Fallsituationen

Fallstudienunabhängige handlungsorientierte fallbezogene Lehre an Hochschulen

GRIN Verlag

GRIN - Your knowledge has value

Der GRIN Verlag publiziert seit 1998 wissenschaftliche Arbeiten von Studenten, Hochschullehrern und anderen Akademikern als eBook und gedrucktes Buch. Die Verlagswebsite www.grin.com ist die ideale Plattform zur Veröffentlichung von Hausarbeiten, Abschlussarbeiten, wissenschaftlichen Aufsätzen, Dissertationen und Fachbüchern.

Besuchen Sie uns im Internet:

http://www.grin.com/

http://www.facebook.com/grincom

http://www.twitter.com/grin_com

Dipl.-Hdl. Dipl.-Volkw.

Andreas Rettig

Einsatz der Fall-Methode und komplexer Fallsituationen

Fallstudienunabhängige handlungsorientierte fallbezogene Lehre an Hochschulen

Inhaltsverzeichnis

Verzeichnisnachweis

Abkürzungen

bzw.	beziehungsweise
D.h. / d.h.	das heißt
Editor	engl. Herausgeber
engl.	englisch / in englischer Sprache
et al.	et alii (und andere)
Hrsg.	Herausgeber
ggf.	gegebenenfalls
u.a.	unter anderem
o.g.	oben genannt (e / es)
S.	Seite (n)
Vgl. / vgl.	vergleiche
z.B.	zum Beispiel

Abbildungen

Tabellen

1 Problemstellung

Bei geschlossenen Lehrveranstaltungen nimmt der Lehrende[1] die führende Rolle ein. Er plant nahezu sämtliche Aktivitäten und bestimmt das Vorlesungsgeschehen. Den Studierenden bleiben nur geringe Entscheidungs- und Handlungsspielräume. Der Mensch lernt jedoch vom Kindesalter an durch seine Handlungen. Handeln spricht alle Sinnesbereiche an und fordert zur aktiven Auseinandersetzung mit der eigenen Person sowie der sozialen und materiellen Umwelt auf. In der modernen Gesellschaft lernen Studierende nach wie vor zumeist in präsentierenden Lehrveranstaltungen fachwissenschaftliche Kenntnisse zum reproduktiven Abruf, welcher oft nur geringe Realitäts- und Praxisbezüge aufweist. Das bedeutet, dass die Studierenden sich nicht aktiv, partizipativ und gestaltend mit den Lerngegenständen auseinandersetzen. Sie nehmen vielmehr rezeptiv am Vorlesungsgeschehen teil. Sie sind fremdbestimmte „Objekt von Belehrungen – statt Subjekte eigener Lernprozesse"[2].[3]

Demgegenüber lernen die Studierenden in handlungsorientierten Lehrveranstaltungen im Idealfall vollkommen eigenverantwortlich. Sie werden an der Lehrveranstaltung beteiligt, indem sie aktiv das Lehrveranstaltungsgeschehen gestalten und eigene Lernwege gehen. Auf diese Weise wird ein Beitrag dazu geleistet, dass die Studierenden aus einem Kompetenzkontinuum vielfältige Fertigkeiten und Fähigkeiten erwerben bzw. diese gefördert und weiterentwickelt werden. Handlungsorientierte Lehrformen sind geeignet, den Studierenden eine praxisorientierte, fachübergreifende und damit vernetzte Aneignung von Lehrinhalten und Allgemeinwissen zu ermöglichen. Ziel ist es, die Studierenden auf die spätere berufliche Tätigkeit optimal vorzubereiten und die Qualität von Lehre und Lernen zu verbessern. Denn in der beruflichen Praxis wird es zunehmend bedeutender, Kompetenzen als aktiver und partizipativer Arbeitnehmer nachzuweisen.[4]

Zu bedenken ist jedoch, dass die verschiedenen Lehrveranstaltungsformen einander bedingen und spezifische Grenzen haben. Folglich stehen bei der Umsetzung verschiedene Realisierungsformen handlungsorientierter und geschlossener Lehre zur Verfügung. Bevorzugt sind Lehrformen, welche mit einer individuellen Informationsaneignung und Bearbeitung verbunden sind und alternative Lösungsvorschläge eröffnen, einzusetzen. Zugleich kann durch Kontrollfragen der erworbene Wissensbestand überprüft werden.[5]

Zweifelsohne ist das Ziel eines Hochschulstudiums einerseits der Erwerb über die berufliche Verwertbarkeit hinausgehender Bildung. Dennoch werden andererseits Kompetenzen, welche auch außerhalb einer Hochschule gewinnbringend eingesetzt werden können, erworben.

---

[1] Die gewählten Formulierungen gelten nachfolgend stets in männlicher und weiblicher Form, es sei denn, eine Differenzierung ist notwendig und sinnvoll.
[2] GUDJONS (2003), S. 77.
[3] Vgl. GLÖCKEL (2003), S. 145 f.; HAUPTMANN (1999), S. 81; WEITZ (2003), S. 12 f., 17 f.
[4] Vgl. HAUPTMANN (1999), S. 81 f.
[5] Vgl. BECKER et al. (1996), S. IV – VII.

Vor diesem Hintergrund sind Fallstudien von hoher praktischer Relevanz. Die Studierenden müssen im Rahmen der Lehrveranstaltungen mit entsprechenden Arbeitsweisen vertraut gemacht werden. Das sollte jedoch nicht unvermittelt, sondern schrittweise erfolgen. Dabei ist es möglich, zunächst komplexe Fälle, welche von den Studierenden unter Zuhilfenahme von vorgegebnen Informationsmaterialien selbstständig zu lösen sind, einzusetzen. Sukzessive wird der Umfang der Hilfestellung durch den Lehrenden reduziert.

Im Rahmen der vorliegenden Arbeit wird der Einsatz eines komplexen Falls dargestellt. Ausgehend von theoretischen Vorbetrachtungen der handlungsorientierten Lehre, hier insbesondere zum Einsatz von komplexen Fallsituationen, werden die Planung, Durchführung und allgemeingültige Auswertung dargelegt.

2 Konzept der handlungsorientierten Lehre

Bei handlungsorientierten Lehrformen, existieren komplexe Interdependenzen, die grundsätzlich ganzheitliche Betrachtungen erfordern. Diesem Anspruch kann in der Praxis auf Grund bestehender Restriktionen jedoch nicht immer entsprochen werden. Im Rahmen dieser Arbeit ist es jedoch unerlässlich, zunächst handlungsorientierte Lehre zu thematisieren, um anschließend die Fall-Methode zu erläutern. Die Fall-Methode ist handlungsorientiert. Sie muss zwangsläufig die Merkmale handlungsorientierter Lehre erfüllen.

2.1 Begriffsbestimmung und Zielrichtung handlungsorientierter Lehre

Handeln dient „dem Erwerb intensiver Anschauungen und klarer Begriffe"[6]. Zugleich ist mit eigenem Handeln höhere Motivation[7] verbunden. Diese Schlussfolgerungen liegen darin begründet, dass zwischen Denken und Handeln ein immanenter Zusammenhang besteht: Die mit der aktiven praktischen Handlung verbundene Wahrnehmung führt zum Denken und damit zu Begriffsbildungsprozessen. *Ziel* muss es daher sein, Prozesse bei den Studierenden in Gang zu setzen, deren Ergebnisse die Wissensaneignung am Lerngegenstand durch eigenes Handeln, die Erkenntnis von Problemlösungen sowie die Bewältigung immer neuer Entscheidungssituationen sind. Somit wird zugleich ein Beitrag zum lebenslangen Lernen und dauerhaften Wissensaufbau geleistet. Um umfassende Handlungskompetenzen bei den Studierenden aufzubauen, müssen „die unterschiedlichen Lernsituationen den ganzheitlichen Charakter von Anforderung- und Problemsituationen aus der Praxis des ökonomischen Feldes widerspiegeln"[8]. Diese Erkenntnisse führen zur Forderung nach stärker handlungsorientiertem Lehren und Lernen, welche zum Teil mit dem Begriff „praktisches Lernen" gleichgesetzt werden.[9]

---

[6] GLÖCKEL (2003), S. 146
[7] Zur Motivation siehe u.a. SCHLAG (1995).
[8] WEITZ (2003), S. 15
[9] Vgl. AEBLI (1987), S. 30 f.; AEBLI (1980), S. 22 - 26; GLÖCKEL (2003), S. 146 f.; GUDJONS (2003), S. 105 - 108; WEITZ (2003), S. 13 f.

Die Begründung BÖNISCHs (1982) für die aktive Auseinandersetzung mit der Wirklichkeit kann unter der Zielstellung, Arbeitnehmer durch Wissensvermittlung, Werteerziehung, Qualifizierung und Handlungsorientierung zu intelligenten Aktionen, Verantwortungsbewusstsein und Teamfähigkeit zu befähigen, auf die Hochschule übertragen werden. Es sind daher mehr als nur Sachkompetenzen zu vermitteln.[10] Handlungsorientierte Lehre ist folglich ein aktiver Lehr-Lern-Prozess; kurz aktives Lernen:

> *„[T]he teacher cannot do the learning for the pupil and that in order for understanding to occur the pupil has to be active in the learning process. Active learning is then meaningful learning, in which something of interest and value to the learner has been accomplished and understood. [...] Active learning supports meaningful learning and enables the learner to take more responsibility for his own learning."*[11]

Bei praktischen Lehrveranstaltungen (z.B. SPSS-Anwendung) ist der Handlungsvollzug selbst der Unterrichtungsgegenstand. Es erfolgt aktives Lernen. In anderen Fächern/Lehrveranstaltungen ist die Vermittlung und Festigung fachgemäßer Arbeitsweisen (Methodenkompetenz) Lehrgegenstand. Dabei darf die *Vermittlung von Inhalten (Fachkompetenz) nicht losgelöst von den Lebens- und Berufsbedingungen der Studierenden* erfolgen. Es reicht nicht aus, wenn fachwissenschaftliche Kenntnisse nur reproduzieren werden. Das erfordert, dass die Studierenden zu selbstständig handelnden und gestaltenden, kurz partizipativen, Subjekten werden, die auch die sozialen Beziehungen innerhalb der Lerngruppe beachten und kooperativ arbeiten und lernen (Sozialkompetenz). Zugleich nimmt der Lehrende auf diesen Lernprozess deutlich weniger Lehreinfluss. Er gibt weniger vor und präsentiert weniger. Vielmehr ist er Initiator und Moderator des Lernprozesses, in dem die Studierenden eigene oftmals nicht-lineare Lernwege mit Vor- und Rückbezügen oder Testschleifen gehen können. An Stelle der Persönlichkeit des Lehrenden sind in Abhängigkeit von der Umsetzung der Handlungsorientierung andere Regulatoren in Informations- und Steuerungsfunktion notwendig.[12]

2.2 Rolle des Lehrenden in der handlungsorientierten Lehre

Dem Lehrenden kommen auf Grund der veränderten Zielsetzung handlungsorientierter Lehre, welche einen aktiven studierendenseitigen Lernprozess in den Mittelpunkt rückt, folgende *Funktionen* zu:[13]

1. Der Lehrende muss sich bewusst werden, dass die Erfolge des Lernprozesses nicht ausschließlich im Ergebnis, sondern auch im stattfindenden Prozess selbst bestehen.

---

[10] Vgl. BÖNISCH (1982) zitiert nach WEITZ (2003), S. 13; GUDJONS (2003), S. 105 – 108; MEYER (2000), S. 409, WEITZ (2003), S. 12 f., 17f.

[11] ALLEN et al. (2005), S. 258.

[12] Vgl. ALLEN et al. (2005), S. 261; GLÖCKEL (2003), S.147; GUDJONS (2003), S. 77, 109; McCORMICK / LEASK (2005), S. 279 f.; MEYER (2000), S. 410; REINHARDT (1994), S. 40; WEITZ (2003), S. 16 f.

[13] Vgl. ALLEN et al. (2005), S. 261, 270 f.; McCORMICK / LEASK (2005), S. 279 f.; PANCRATZ (1996), S. 52

2. Durch den Lehrenden wird eine zielgerichtete und relevante Problemstellung vorge-
    geben (extrinsische Motivation der Studierenden) bzw.

    gemeinsam mit den Studieren-
    den erarbeitet (intrinsische Motivation der Studierenden), um den Studierenden die Be-
    deutung des Themas bewusst zu machen, an die Kenntnisse der Studierenden anzu-
    knüpfen und die Bereitschaft zur Auseinandersetzung mit der Sache zu erhöhen.

3. Der Lehrende gibt ggf. gezielte Hilfestellungen während der Erarbeitung durch die Stu-
    dierenden. Für schnellere und langsamere Studierende sind ggf. alternative Lernhilfen
    bereitzuhalten. Nur in Ausnahmefällen und bei schwerwiegenden Störungen des Lern-
    prozesses sollte der Lehrende regulierend eingreifen.

4. Die Bewertungskriterien sind transparent zu machen. Der Lehrstil ist offen oder
    Rahmen setzend, jedoch nicht durch den Lehrenden kontrolliert geschlossen.

5. Die Studierenden stellen ihre Ergebnisse vor (Vergleich, Besprechung). Im Gespräch
    werden auch durch den Lehrenden weiterführende Aspekte und Denkanstöße themati-
    siert, denn erst während der Reflexion, während der Diskussion mit der Studiengruppe
    und dem Lehrenden, durchdenken die Studierenden den Sachverhalt abschließend. Es
    erfolgt der abschließende Lern- und Verständnisprozess.[14]

6. Gleichzeitig kann der Lehrende durch Strukturierung und Sequenzierung das Lernen
    unterstützen. Diese Maßnahmen orientieren sich u.a. am sachlogischen Aufbau des
    Themas bzw. des Fachs, den Lernzielen und dem methodischen Vorgehen, so dass
    ggf. auch fächerübergreifende- oder interdisziplinäre Lehre erfolgt.[15]

ALLEN et al. (2005) drücken die Aufgabe des Lehrenden zusammenfassend aus: *„Planning
for learning requires you to focus on what the pupil is doing as well as what you are doing"*[16].
Somit ist die siebente Funktion des Lehrenden, die Anforderungen handlungsorientierter
Lehre methodisiert zu berücksichtigen und umzusetzen.

2.3 Spezielle Anforderungen handlungsorientierter Lehre

Die Forderung nach praktischem Tun in der Lehre darf, wie GLÖCKEL (2003) deutlich macht,
nicht darüber hinweg täuschen, dass auf methodisches und geleitetes Lernen nicht ver-
zichtet werden kann, da dieses Lernen effektiver und erfolgreicher sei.[17] Ähnlich äußert sich
GUDJONS (2003) und fordert, dass handlungsorientierte Lehre mehr als nur „action" ist,

---

[14] Die Entwicklung kognitiver Fähigkeiten erfolgt während der Vermittlung von Faktenwissen. Daher muss Lernen
so organisiert sein, dass die Studierenden in die Lage versetzt werden, sich neue Sachverhalte selbstständig
anzueignen (engl. formal thinking approach), selbstständig Lösungen für neue Problemsituationen zu finden
(engl. heuristic approach) und ihre eigene Lernleistung zu reflektieren (engl. metacognitiv approach). (vgl. ALLEN
et al. (2005), S. 271)

[15] Vgl. PANCRATZ (1996), S. 52 f.

[16] ALLEN et al. (2005), S. 270.

[17] Vgl. GLÖCKEL (2003), S. 146.

sondern „learning by doing".[18] Folglich ist handlungsorientiertes aktives und partizipatives Lernen ein *Prozess*, der ...[19]

1. strukturiert, organisiert und zielgerichtet ist und alle Studierenden der Lerngruppe einbezieht, so dass alle Studierenden den beabsichtigten Lernerfolg erreichen können.

2. die Studierenden in die Lage versetzt, Alternativen zu entwickeln, mehrschichtig zu denken sowie Einstellungen und Werte zu entwickeln.

3. kommunikativ ist und dazu führt, dass die Studierenden der Lerngruppe, welche ggf. unterschiedliche Kenntnisstände, Interessen, Wert, Fertigkeiten und Fähigkeiten haben, sich intensiv mit der Sache auseinandersetzen und insbesondere bei Gruppenarbeit[20] kooperieren und miteinander diskutieren. Auf diese Weise werden höherwertige kognitive Fähigkeiten (z.B.: Analyse-, Recherche- und Kommunikationsfähigkeit) und soziale Kompetenzen[21] entwickelt sowie der Heterogenität innerhalb der Lerngruppe begegnet.

4. die Studierenden für ihr Lernen verpflichtet (Selbstorganisation, -verantwortung).

5. die Studierendeninteressen berücksichtigt, welche ggf. erst durch erste Handlungen deutlich werden und in der Lehrveranstaltung aufzudecken sind.

6. produkt- und prozessorientiert ist, d.h., zur Präsentation von Ergebnissen aber auch von Schwierigkeiten bei der Bearbeitung führt.

7. letztlich die sechs Taxonomie-Stufen nach BLOOM (1956) umfasst: Kennen, Verstehen, Anwenden, Analysieren, Synthese, Bewerten.

Der Lernprozess ist somit die zielstrebige Auseinandersetzung mit Begriffen, Vorstellungen, Auffassungen und Phänomenen. Die Studierenden lernen durch die Handlung, was jedoch nicht bedeutet, dass Lernen ausschließlich durch Handeln erfolgt. Handlungsorientiertes Lernen ist vielmehr ein Lernkonzept, das Überschneidungen zu anderen Lernkonzepten (z.B.: entdeckende Lehre und offene Lehre) aufweist und verschiedene Methoden berücksichtigt, welche der o.g. Zielrichtung entsprechen.[22]

---

[18] Vgl. GUDJONS (2003), S. 108.

[19] Vgl. ALLEN et al. (2005), S. 271 - 273; ELLIS (2005), S. 241, 248, 259; GUDJONS (2003), S. 109 - 112; MCCORMICK / LEASK (2005), S. 279.

[20] Insbesondere, wenn handlungsorientierte Lehre in Form von Gruppenarbeit umgesetzt wird, besteht die Gefahr, dass sich einige Studierende entziehen und sich nicht in das Geschehen einbringen („Trittbrettfahrer", „free rider" oder „Mitläufer"), so dass der Lehrende regulierend eingreifen muss (vgl. STEINDORF (1995), S. 172). Grundlegende Übersichten zur Gruppenarbeit bieten u.a. GLÖCKEL (2003), MEYER (2000), STEINDORFF (1995).

[21] ELLIS (2005) macht in diesem Zusammenhang deutlich, dass es für die Studierenden von hoher Bedeutung sein kann, dass in der handlungsorientierten Lehre ggf. mehrere richtige Antworten möglich sind, was das Wettbewerbsdenken der Studierenden untereinander reduziert. Sie führt dazu aus: *„In an environment that can otherwise feel competitive, it is helpful for students to experience each other as a source of encouragement and validation"* (ELLIS (2005), S. 259). CROPLY (1994) äußert gleichlautend, dass mit dem emotionalen Aspekt der Mut zum Andersdenken und zur Risikobereitschaft verbunden sei (CROPLY (1994), S. 30, zitiert nach BÖNISCH (2002), S. 27).

[22] Vgl. GUDJONS (2003), S. 104; MCCORMICK / LEASK (2005), S. 279; WEITZ (2003), S. 13 f., 18.

2.4 Verknüpfung der Handlungsorientierung

Die bisherigen Ausführungen stellen heraus, dass handlungsorientierte Lehre in ihrer Gesamtheit zur Aneignung von Wissen, Fähigkeiten und Fertigkeiten dient. Sie kann jedoch auch *am Ende oder innerhalb einer Lehrsequenz* sinnvoll sein, um den Lernerfolg zu vertiefen bzw. zu festigen und Zusammenhänge zu verdeutlichen. ELLIS (2005) führt an:

> „In some instances, students´ anticipation of a culmination creative assignment to be completed by the end of a unit can make all of their work on the curriculum topic more purposeful. [...] Often, a creative assignment introduced at the end of a unit of study can provide a meaningful context for students to re-visit and deepen their understanding of the ideas and principles they have worked with."[23]

Handlungsorientiertes Lernen wird erreicht durch die Einbeziehung von Lesen, Schreiben, Hören, Sprechen und den Umgang mit Materialien. Wesentliche *Methoden* handlungsorientierte Lehre sind daher u.a.:[24]

- Erkundung
- Expertenbefragung
- Fallstudie und Fall-Methode
- Leittext-Methode
- Lernen im Modellunternehmen

- Planspiel
- Projektmethode
- Simulationsspiel
- Systemanalyse
- Zukunftswerkstadt

BRESLAUER (1999) weist im Zusammenhang mit der angestrebten handlungsorientierte Aneignung eines umfassenden Kompetenzkontinuums darauf hin, dass durch handlungsorientierte Lehre mehr Selbstständigkeit der Studierenden gewonnen wird, welche durch Spillover-Effekte auch in die frontal gehaltene Vorlesung getragen wird. Die damit verbundene Verantwortung ist jedoch unteilbar und setzt die entsprechende *Bereitschaft der Studierenden* voraus. Daher ist die zeitgleiche Erreichung aller Komponenten eine Idealvorstellung, welche in der Praxis nur selten vollständig erreicht wird.[25]

2.5 Grenzen handlungsorientierter Lehre

Die Idealvorstellung liegt darin begründet, dass handlungsorientierte Lehre – wie alle Lehrformen – Einschränkungen unterliegt. Beispielhaft werden erwähnt:[26]

- räumliche, zeitliche und materielle Vorgaben (praktisch): Lehrveranstaltungen erfolgen im 90-Minuten-Rhythmus zumeist nach dem Fachprinzip mit engen curricularen Vorgaben. Darüber hinaus ist eine Vielzahl anderer Rahmenbedingungen zu beachten. Er-

---

[23] ELLIS (2005), S. 249 f.
[24] Vgl. REIHHARDT (1994), S. 40 f.; WEITZ (2003), S. 19.
[25] Vgl. BRESLAUER (1999), S. 78; HAUPTMANN (1999), S. 8.
[26] Vgl. ALLEN et al. (2005), S. 262; GLÖCKEL (2003), S. 148; GUDJONS (2003), S. 120 f.; McCORMICK / LEASK (2005), S. 279.

schwerend tritt hinzu, dass Handlungsprozesse und deren Ergebnisse nicht immer durch Klausuren adäquat überprüfbar sind.

- Unangemessenheit für Lernaufgaben, die andere Verfahren erfordern (didaktisch)[27]: Nicht alles Wissenswerte kann von den Studierenden selbst entdeckt werden, da ihnen oftmals der thematische Überblick fehlt oder das Thema nur systematisch geordnet sinnvoll vermittelt werden kann. Dann ist die Wissensvermittlung durch den Lehrenden notwendig.

- nicht jede Lernbereitschaft resultiert zwangsläufig aus Handlungswillen, sondern auch aus theoretischem Interesse, also dem Lernen um seiner selbst willen (antropologisch): ein Lernzuwachs, welcher jedoch nicht tiefgründig ist, erfolgt auch, wenn die Studierenden Zusammenhänge nicht verstehen oder Missverständnissen unterliegen.

Die o.g. Einschränkungen der Handlungsorientierung erhalten insbesondere vor dem Hintergrund, dass fachwissenschaftliche Kenntnisse entscheidende Voraussetzungen für die Problemlösefähigkeit sind, besonderes Gewicht. Auch handlungsorientierte Lehre muss daher dem Anspruch effektiver Aneignung von Fachkenntnissen gerecht werden und die Studierenden in die Lage versetzen, effektiv auf Fachwissen zur Lösung konkreter Aufgaben und Probleme zurückzugreifen.

Festzuhalten bleibt, dass es keine ideale Lehrform gibt. Die Vorzugswürdigkeit kann nur in Bezug auf die jeweilige Lehr-Lern-Situation bestimmt werden. Bei einem Wechsel des Vorgehens sind jedoch strenge Maßstäbe anzulegen, da jede Veränderung, insbesondere hin zu Unbekanntem, Anpassungsverzögerungen bei Studierenden und Lehrenden nach sich zieht. Wurde bisher die Lehrveranstaltung deutlich „verkopft" gestaltet, so kann nicht ohne weiteres auf handlungsorientierte Lehre übergegangen werden. Die Studierenden müssen schrittweise herangeführt und das selbstständige Handeln geübt werden, um die Konzeption den Studierenden bewusst zu machen. Das liegt darin begründet, dass handlungsorientierte Lehre „zwangsläufig mehr als konventioneller Unterricht ergänzt um Handlungsvollzüge"[28] ist. Handlungsorientierte Lehre ist vielmehr ganzheitliches Lernen, wenn die Bezugspunkte (der Lernende, die Lerngruppe und das Thema) unter Beachtung der Rahmenbedingungen gleichberechtigt sind.[29] Daher ist beim Übergang hin zur handlungsorientierten Lehre z.B. zunächst ein komplexerer Fall mit dem Ziel eingesetzt, die Studierenden in die Lage zu versetzen, zu einem späteren Zeitpunkt komplexere Methoden zu bewältigen, z.B. Fallstudien. Die Fall-Methode umfasst einfach Fallbeispiele, komplexer Fälle und Fallstudien. Die Arten unterscheiden sich hinsichtlich der Komplexität, den vorgegebenen Informationen, der Pro-

---

[27] ELLIS (2005) argumentiert hingegen, dass handlungsorientierte Lehre nicht zwangsläufig komplex und zeitintensiv sein muss. Entscheidend seien Aufgabenstellung und Zielrichtung der Aufgaben, so dass Gruppenarbeit ggf. innerhalb kürzester Zeit realisierbar sei. (vgl. ELLIS (2005), S. 249)

[28] WEITZ (2003), S. 17.

[29] Vgl. GUDJONS (2003), S. 81 – 83, 112; MEYER (2000), S. 409; SPETH (1981), S. 51 f.

blemfindung und der -lösung. Eine Fallstudienübersicht bietet SPETH (1981) Im Allgemeinen wird mit einem umfangreichen und anspruchsvollen Fall eine Fallstudie (engl. case studie method) bezeichnet. Die Bezeichnungen sind jedoch keineswegs einheitlich. Im Rahmen der Arbeit wird vereinfachend von der Fall-Methode ausgegangen.

Die Fall-Methode muss als Methode handlungsorientierter Lehrveranstaltungen den o.g. Anforderungen gerecht werden, was allein jedoch nicht ausrechend ist. Vielmehr sind auch spezifische Aspekte zu berücksichtigen, welche im nachfolgenden Abschnitt erläutert werden.

3   Anforderungen der handlungsorientierten Fall-Methode

Nach SPETH (1981) sind Verfahrensfälle mit eindeutigen Lösungen, Illustrationsfälle zur Veranschaulichung und Erklärung wissenschaftlicher Zusammenhänge und Rechenaufgaben keine Entscheidungsfälle im Sinne einer Fallstudie.[30] Dessen ungeachtet, können und sollten mehr- oder vielschichtige – also komplexe – Fälle in ihrer Konzeption bestimmten Anforderungen genügen, so dass der zu Grunde liegende Fall unabhängig von einer Fallstudie der Gestaltung von handlungs- und entscheidungsbezogenem Lehre entspricht.

Das *erfordert*, dass eine Problem- bzw. Konfliktsituation anhand eines Falls dargestellt wird. Der Fall ist entsprechend der Relevanz für die gegenwärtige und zukünftige z.b. wirtschaftliche und gesellschaftliche Lebenssituation der Studierenden auszuwählen (subjektive Bedeutsamkeit). D.h., anhand eines anspruchsvollen und komplex entwickelten möglichst praxisnahen Falles erarbeiten die Studierenden möglichst selbstständig alles, was zur Lösung des Falles beherrscht werden muss. Bestehende Informationslücken geben ständig neue Impulse, selbstständig nachzuforschen und fehlende Kenntnisse zu erwerben, um die Problemlösung zu finden. Während der Analyse der Fallsituation erwerben die Studierenden Kenntnisse über die Arbeits- und z.B. Wirtschaftswelt, indem sie Lösungsschritte vornehmen, welche auch für die tägliche (berufliche) Lebenssituation von Relevanz sind. Letztlich sind in diesem Zusammenhang Informationen aus verschiedenen Wissensgebieten sowie dem Erfahrungshorizont der Studierenden heranzuziehen. Nicht zuletzt dadurch wird die intrinsische Motivation der Studierenden, sich mit der Sache auseinanderzusetzen, erhöht. Dabei sollte der Fall den Studierenden die Möglichkeit zur Interpretation eröffnen, so dass mehrere Lösungsmöglichkeiten bestehen und Entscheidungen getroffen werden müssen. Somit kann ein Beitrag zur Förderung der intellektuellen Fähigkeiten, der Kreativität, der Urteilsfähigkeit und des Abstraktionsvermögens der Studierenden geleistet werden. Daher tritt häufig die Vermittlung theoretischer Kenntnisse hinter die Vermittlung von Lösungsstrategien zurück.[31]

---

[30] Vgl. SPETH (1981), S. 103.
[31] Vgl. ALLEN et al. (2005), S. 260; KAISER / KAMINSKI (1997), S. 126, 132, 142, 145 f.; MATHES (2006), S. 189 f.; REINHARDT (1994), S. 40; SPETH (1981), S. 103, 109.

Infolge der im vorangegangenen Absatz aufgestellten Forderungen eröffnet sich für die Fall-konstruktion ein weiter Handlungsrahmen. Deshalb darf die Studierendengemäßheit[32] *nicht außer Acht gelassen* werden. D.h., der Fall muss für die Studierenden überschaubar und im gegebenen zeitlichen Rahmen lösbar sein (subjektive Fasslichkeit). Durch den Fall müssen die Studierenden dazu motiviert werden, sich mit dem Sachgegenstand auseinanderzuset-zen. Insbesondere sind die individuellen Voraussetzungen der Studierenden, d.h. ihre Kennt-nisse, ihre Fähigkeiten und Fertigkeiten sowie der Stand des Lernprozesses, zu beachten. Das bedeutet aber auch, dass der Sachanspruch sowie die Zukunfts- und Verwertungs-interessen nicht überbetont werden. Zugleich darf trotz Praxisbezug und Studierendenge-mäßheit der Sach- und Wissenschaftsbezug[33] nicht vernachlässigt werden, da die Studieren-den durch die wissenschaftlich orientierte Fall-Arbeit unter Beachtung verschiedener Wis-sensbereiche und Alltagserfahrungen an wissenschaftliche Denkmethoden, wissenschaft-liche Theorien und Modelle herangeführt werden sollen (*wissenschaftliche Repräsentation*).[34]

In diesem vom Lehrenden auszubalancierenden Spannungsverhältnis kann die *Fallbearbei-tung* durch den zielgerichteten Einsatz von Unterlagen und / oder Leitfragen begünstigt und *erleichtert* werden. Die Bereitstellung von Unterlagen ist in Abhängigkeit vom angestrebten Kompetenzerwerb jedoch nicht zwingend notwendig. Das gilt insbesondere, wenn das Sam-meln und das Auswerten notwendiger Informationen als Kompetenz angestrebt werden. Er-folgt die Bearbeitung des Falls im Rahmen einer Gruppenarbeit, werden durch die soziale In-teraktion der Studierenden zugleich deren soziale Kompetenzen gefördert und verschiedene Blickrichtungen auf das Thema in der Gruppe diskutiert. Bereitgestellte Materialien können unterstützend einwirken.[35]

Einschränkend sei jedoch erwähnt: Bei einer sehr offenen Fallgestaltung besteht oftmals die Gefahr, dass vielfältige Handlungsmöglichkeiten oder Entscheidungsalternativen bestehen und die Studierenden daher bei der Fallbearbeitung zu keinem zufrieden stellenden bzw. keinem schlüssigen Ergebnis kommen. Der zielgerichtete Einsatz von Unterlagen oder Leit-fragen ist zwar einerseits beschränkend, jedoch kann er andererseits sinnvoll sein, da er die Aufmerksamkeit der Studierenden lenkt. Derartigen Hilfestellungen oder Beschränkungen können aber auch dazu führen, dass die Studierenden unterschiedliche Wege beschreiten, wenn die Materialien und Fragen Denkanstöße vermitteln, welche von den Studierenden allein nicht geleistet werden können. Es ist daher darauf zu achten, dass die gesetzten Be-

---

[32] Zur Studierendengemäßheit siehe GLÖCKEL (2003), S. 283 – 285.

[33] In der erziehungswissenschaftlichen Literatur werden die Begriffe „Wissenschaftsorientierung", „Sachgemäß-heit", „Sachgerechtheit" und „Objektivität" synonym verwendet. GLÖCKEL (2003), S. 282 f. bietet hinsichtlich der Wissenschaftsorientierung einen grundlegenden Überblick.

[34] Vgl. GLÖCKEL (2003), S. 283; KAISER / KAMINSKI (1997), S. 141 f., 145; MATHES (2006), S. 190, SPETH (1981), S. 104, 106, 109; WOLFF (1992) zitiert nach MATHES (2006), S. 190.

[35] Vgl. KAISER / KAMINSKI (1997), S. 142; SPETH (1981), S. 103, 106, 109.

schränkungen kreativ wirken. Das bedeutet jedoch auch, dass sowohl der Fall als auch die Hilfestellungen in einer für die Studierenden verständlichen Sprache abgefasst werden.[36]

Bei der Fallkonstruktion sind darüber hinaus *weitere Merkmale* zu beachten:[37]

1. Zwischen dem Inhalt des Falls und den angestrebten Lernzielen muss ein erkennbarer Zusammenhang bestehen.

2. Ein hoher Realitätsgehalt des Falls wird durch die realistische Gestaltung realistischer Hintergründe bzw. Situationen oder die Heranziehung authentischer Fälle erreicht (*situative Repräsentation*).

3. Der Fall muss in sich geschlossen und logisch sein.

Dennoch werden in der Vorlesungspraxis aus Gründen der Verständlichkeit oftmals der Umfang der Fälle reduziert sowie die Entscheidungsprobleme stark vereinfacht und nicht allgemeingültig formuliert, so dass *Konflikte* mit den Forderungen nach alternativen Lösungs- und Interpretationsmöglichkeiten sowie nach der Auseinandersetzung mit z.B. vielschichtigen ökonomischen und gesellschaftspolitischen Sachverhalten möglich sind.[38] Mögliche Konflikte sind unter Beachtung der curricularen Rahmenbedingungen (Zielgemäßheit[39]) in der konkreten Planung zu berücksichtigen und zu lösen. Dazu kann z.B. eine Checkliste herangezogen werden. Die „ideale Konstellation [ist dennoch] kaum erreichbar"[40]. Einen Überblick über zu erfüllenden Anforderungen ist im Anhang wiedergegeben.

Abschließend kommt REINHARDT (1994) zu dem Schluss, dass die Fall-Methode eine „aktivierende, motivierende, Umsicht, Übersicht, Selbstständigkeit fördernde Methode [... ist, welche] den empfindlichen Nachteil [hat], daß sie Wissen und Können eben fallbezogen und nicht systematisierend vermittelt".[41] Im Allgemeinen wird jedoch viel Zeit für die Vorbereitung und Durchführung der Fallarbeit benötigt.[42]

4 Grundlegende Überlegungen zur Planung und Durchführung eines komplexen Falls im Rahmen handlungsorientierter Lehre

Unter Berücksichtigung der Studierenden- und Rahmenbedingungen, der Anforderungen der Fall-Methode sowie der Fach- und Sachstruktur sind die *Lehrinhalte* (Sachgegenstand) festzulegen. Dazu ist vom Lehrenden eine angemessene und möglichst umfassende Sachanalyse – also Ermittlung des thematischen Gegenstands – vorzunehmen. Dabei sind u.a. die Situation innerhalb der Lerngruppe, die Stellung der Lehreinheit im thematischen Gesamt-

---

[36] Vgl. ELLIS (2005), S. 245 – 247; KAISER / KAMINSKI (1997), S. 142.
[37] Vgl. REETZ (1988) zitiert nach: KAISER / KAMINSKI (1997), S. 143 – 146.
[38] Vgl. SPETH (1981), S. 110.
[39] Zur Zielgemäßheit siehe GLÖCKEL (2003), S. 286 f.
[40] Vgl. REETZ (1988) zitiert nach KAISER / KAMINSKI (1997), S. 146.
[41] REINHARDT (1994), S. 40
[42] Vgl. SPETH (1981), S. 110.

kontext, institutionelle und organisatorische Rahmenbedingungen (z.B. Raum, Zeit und klimatische Gegebenheiten) zu beachten.[43]

In Abhängigkeit von den Lehrinhalten sind *Kompetenz- und Lernziele* zu entwickeln. In Kapitel 2 wird herausgearbeitet, dass bei der Bearbeitung eines komplexen Falls die Vermittlung von *Kompetenzen* im Mittelpunkt steht. Ziel ist es, die Lernenden durch den Erwerb von Kompetenzen zu lebenslangem Lernen zu befähigen. Es muss daher ebenso zum Erwerb von Problemlösungs- und Methodenkompetenzen wie zum Erwerb von ganzheitlichem Wissen und von Sozialkompetenzen beigetragen werden. Die Kompetenzförderung kann jedoch nur erreicht werden, wenn bei der Planung *Lernziele* definiert werden, welche innerhalb des gesetzten zeitlichen Rahmens erreichbar und überprüfbar sind, zu einem Zuwachs an Kenntnissen und Fertigkeiten führen und der Abfolge der Lernschritte entsprechen. Daher sind fachliche, instrumentelle und soziale Lernziele, welche grundsätzlich der o.g. Lernzieltaxonomie entsprechen, zu verfolgen.[44]

Von diesen Vorüberlegungen ausgehend ist der Fall, welcher eingesetzt wird, zu erstellen. Die *Durchführung* hat sich grundsätzlich am vollständigen Lernprozess zu orientieren. Dabei ergeben sich vielfältige Möglichkeiten der Durchführung. Für die handlungsorientierte Lehre existiert eine dreistufige Grundstruktur: Strukturierungsphase, Differenzierungsphase sowie Vermittlungs- und Reflexionsphase.[45] Mögliche inhaltliche Schwerpunkte der Phasen werden in Abbildung 1 dargestellt. Dies erfordert wiederum eine inhaltlich und methodisch ganzheitliche Betrachtung, um daraus die konkrete Weg- und Medienbeschreibung abzuleiten.

Abbildung 1: Grundstruktur handlungsorientierter Lehre

Strukturierungs-phase	Differenzierungsphase		Vermittlungs- und Reflexionsphase
	Wahlphase	Arbeitsphase	
• Grundinforma-tionen • Aufgliederung von Teilthemen • Arbeitsvor-schläge	• Teilnehmer wählen • Gruppenbildung • in der Gruppe: Arbeitsmöglich-keiten erörtern	• in der Gruppe: Arbeitsplan erstellen • Bearbeitung • Ergebnisfindung	• Ergebnisse der Gesamtgruppe vorstellen • Gesamtergebnis finden • Reflexion der Arbeit

Quelle: nach BÖNISCH (2002), S. 70

In Abbildung 1 werden die o.g. Forderungen an handlungsorientierte Lehre bereits weitgehend aufgegriffen. Daran anknüpfend empfehlen KAISER / KAMINSKI (1997) für die Fallbearbeitung in Gruppen einen idealtypischen Ablauf in sechs Schritten:[46]

---

[43] Vgl. VAN BUER et al. (1999), S. 57; BÖNISCH (2002), S. 63 – 66; KLAFKI (1964), S. 5 – 22.
[44] Vgl. BONSEN / HEY (o.J.), S. 7.
[45] Vgl. BÖNISCH (2002), S. 68 – 70.
[46] Vgl. KAISER / KAMINSKI (1997), S. 127 – 133.

11

1. *Konfrontation* mit dem Fall zur Erfassung der Problem- und Entscheidungssituation durch die Studierenden.

2. *Information* der Studierenden durch die Fallmaterialien und ggf. Beschaffung weiterer relevanter Informationen.

3. Während der *Exploration* werden unterschiedliche Entscheidungsalternativen in der Gruppe diskutiert.

4. Schließlich ist nach der Gegenüberstellung und Bewertung der Lösungsalternativen in der Gruppe eine Entscheidung zu treffen und festzuhalten (*Resolution*).

5. Die Entscheidung der Gruppe wird während der *Disputation* im Plenum vorgestellt und begründet vertreten.

6. Abschließend wird ggf. die in der z.B. betrieblichen Wirklichkeit getroffene Entscheidung präsentiert und mit den Gruppen vor dem Hintergrund der eigenen Ergebnisse diskutiert (*Kollation*).

Auffällig ist, dass KAISER / KAMINSKI (1997) in ihrem Ablaufschema, welches auf bei Einzelarbeit anwendbar ist, mit dem ersten Schritt zwar auf die Strukturierungsphase hinweisen, sie jedoch nicht ausdifferenzieren. Die übrigen fünf Schritte beziehen sich auf die Arbeits- bzw. die Vermittlungs- und Reflexionsphase. Sie sehen folglich eine rein mit der Falldurchdringung verbundene Planung. Auf die Organisation der Gruppenarbeit wird nicht eingegangen. Sie weisen jedoch darauf hin, dass es sich bei dem von ihnen vorgeschlagenen Vorgehen um einen idealtypischen Ablauf handelt. Folglich müssten nicht alle Schritte zwangsläufig bzw. nicht in der angegebenen Reihenfolge durchlaufen werden. Die Schrittabfolge sei vielmehr abhängig vom Fall und der Arbeitsweise der Lerngruppen. Zumal insbesondere bei Gruppenarbeit der Lehrende im Interesse des eigenverantwortlichen Lernens der Studierenden nur einen sehr geringen Einfluss auf den konkreten Gang der Arbeit nehmen soll. Dennoch ist von allen Gruppen der gesetzte zeitliche Gesamtrahmen einzuhalten.[47]

Unter Berücksichtigung dieser Überlegungen ist die konkrete Umsetzung der Lehrveranstaltung (*Weg- und Medienentscheidung*) zu planen. Die Abfolge der von KAISER / KAMINSKI (1997) vorgeschlagenen Schritte ist variabel und lässt sich in der von BÖNISCH (2002) erarbeiteten Grundstruktur subsumieren. Daher kann sich die Planung vornehmlich an der Grundstruktur, welche ggf. entsprechend ergänzt wird, orientieren. Mögliche Phasen sind:

- *Phase I: Hinführung zum Thema:* Anlass der Vorlesungssequenz und -gegenstand werden den Studierenden durch den Lehrenden erläutert. Die notwendigen Arbeitsmaterialien werden ausgegeben und besprochen, so dass eine erste Problemorientierung erfolgt.

---

[47] Vgl. KAISER / KAMINSKI (1997), S. 132; MEYER (2000), S. 268.

- *Phase II: Fallbearbeitung:* Die Studierenden erarbeiten in Gruppen unter Verwendung der Arbeitsmaterialien eine mögliche Falllösung. Die Bearbeitung wird den Studierenden eigenverantwortlich überlassen. Zunächst bilden die Studierenden selbstständig Gruppen mit maximal vier Gruppenmitgliedern, da diese Gruppengröße nach MEYER (2000) grundsätzlich gerechtfertigt ist. Sie sorgen ggf. für entsprechende räumliche Gegebenheiten, indem Tischgruppen gebildet werden. Anschließend organisieren die Studierenden selbstständig die Arbeitsausführung und führen die Gruppenarbeit eigenverantwortlich durch. Der Lehrende ist lediglich Mentor. Er greift nur bei Bedarf in den Lernprozess ein. Er ist passiv und beobachtet. Sollte es notwendig sein, steht er jedoch für Fragen zur Verfügung. Auf diese Weise rückt der Lernprozess selbst in den Stundenmittelpunkt.[48]

- *Phase III: Gespräch und Auswertung der Gruppenergebnisse:* Die Gruppen stellen ihre Ergebnisse und Überlegungen in der Gesamtgruppe vor. Durch die Lenkung von auftretenden Rückfragen und der Studierendenimpulse wird durch den Lehrenden die Entwicklung einer ausführlichen Diskussion, in welcher verschiedene Blickwinkel zur Falllösung herausgestellt werden, gewährleistet. Es wird erarbeitet, dass auf Grund von Zielkonflikten nicht die eine richtige Falllösung existiert, sondern unter Prämissensetzung begründete Entscheidungen zu treffen sind. Der Lehrende agiert als Moderator.

Bevor der Lernende im Lernstoff weitergeht, ist der erzielte Leistungsstand zu erfassen. Zu überprüfen ist, in welchem Umfang die in der Lehrveranstaltungsplanung definierten Ziele erreicht wurden. Dazu sind im Einzelnen zu beleuchten:[49]

- *Planungsadäquanz:* Nach der Vorlesungseinheit ist zu klären, in wie fern die Planung passend war, wo es Abweichungen gab und welche Gründe dafür ursächlich sind.

- *Effektivitätskontrolle:* Die Leistung der Studierenden ist anhand der Erreichung von operationalisierten Lernzielen zu ermitteln.

- *Befindlichkeitsrückmeldung:* Neben der Sachebene und der Verlaufplanung darf die Beziehungsebene nicht vernachlässigt werden, da individuelle Befindlichkeiten für den Lernerfolg von hoher Relevanz sind. Befindlichkeitsrückmeldungen sind daher insbesondere bei handlungsorientierten Lehrveranstaltungen von hoher Bedeutung.

- *Inhaltsanalyse:* Neben den Inhalten sind in der Lehrveranstaltung auch Strukturen zu vermitteln. Dabei sind zeitliche Restriktionen ebenso zu beachten wie der Umfang der vermittelten Informationen. Die Zeit ist effizient zu nutzen und die Lehrveranstaltung darf weder zur Über- noch zur Unterforderung der Lernenden führen.

---

[48] Vgl. MEYER (2000), S. 259, 268 f.
[49] Vgl. BÖNISCH (2002), S. 66 f., 71 – 77.

Um die Auswertung der Lehrveranstaltung zu ermöglichen, sollte ein Kriterienkatalog (siehe Anhang) erstellt sowie seitens der Studierenden und des Lehrenden evaluiert werden. Die gewonnenen Informationen sind auszuwerten, zu interpretieren und zu reflektieren. Entsprechende Konsequenzen sind zu ziehen.

5 Kritische Würdigung und Ausblick

Handlungsorientierte und lehrendenzentrierte Lehre bedingen sich wechselseitig und tragen zur aktiven Studierendenarbeit bei. Dabei kann der einzelne Studierende durchaus auch Vorlieben für lehrendenzentrierte Frontalunterrichtung haben. Daher können sowohl handlungsorientierte als auch Frontalunterrichtung nicht unreflektiert bleiben. Sie sind vielmehr ständig dahingehend zu überprüfen, wie sie auf den individuellen Leistungsstand und die Leistungsfähigkeit wirken. Es ist darauf zu achten, dass durch handlungsorientierte Lehre fachliche und persönliche Komponenten in die Vorlesung einfließen, welche bei Frontalunterrichtung nicht in dieser Form zum Tragen kommen. Somit kann eine integrativ-verzahnte Einheit aus handlungsorientierte und Frontalunterrichtung geschaffen werden, um ein lernförderliches Geschehen zu gestalten. Zugleich kann dazu beigetragen werden, dass die Hochschule verschiedene Übungsfelder für verschiedene Persönlichkeitsstrukturen der Studierenden bietet. Frontalunterrichtung sollte die handlungsorientierte Lehre begleiten, um den Studierenden einen inhaltlichen Vor- und Rückblick zu geben sowie den praktischen Sinn und den Wert der Lehrform zu vermitteln. Auf diese Weise kann über die gewählte handlungsorientierte Lehrform hinaus ein Beitrag zum Kompetenzerwerb der Studierenden geleistet werden. Gerade die Schaffung dieser Einheit im Rahmen der Auswertungsphase erweist sich im Rahmen des Abschlussgesprächs als sinnvoll, da dadurch die Lernziele gesichert werden können.

Eine klare Struktur und Phasenbildung sind im Lehrgeschehen, in welchem sich die verschieden Lehrformen abwechseln können, von hoher Relevanz. Eine für die Studierenden erkennbare Struktur erhöht deren Bereitschaft zur Partizipation. Daher muss auf eine klare Strukturierung und eine deutliche Zielorientierung besonderes Augenmerk gelegt werden.

Frontalunterrichtung bietet in dieser Hinsicht ihre eigenen differenzierten Perspektiven sowie Vor- und Nachteilen, mit denen sich ebenfalls jeder Lehrende auseinandersetzen muss.[50] Eine eingehende entsprechende Betrachtung ist daher sinnvoll und notwendig. Es geht nicht um eine Gegenüberstellung von Frontal- und handlungsorientierter Lehre bei den vorlesungsrelevanten Entscheidungen. Vielmehr ist darauf zu achten, welche Voraussetzungen die Studierenden mitbringen. Der Lerninhalt, die Lernbedingungen (z.B.: curriculare und sonstige Anforderungen und Restriktionen), Motivationsaspekte, die spezifischen Fach-, Sach- und Sozialstrukturen sowie die Lern- und Kompetenzziele sind ebenfalls zu beachten.

---

[50] Einen grundlegenden Überblick zu den Vor- und Nachteilen sowie den Arten und Funktionen des Frontalunterrichts und damit der Frontalunterrichtung vermittelt ASCHERSLEBEN (1985), S. 29 – 75.

Dennoch darf die Auffassung von HAUPTMANN (1999), dass die Gestaltung und Durchführung der Lehre maßgeblich durch die Grundeinstellung des Lehrenden und dessen Impliziter Persönlichkeitstheorie bedingt ist, nicht vernachlässigt werden. Der Lehrende determiniert im entscheidenden Maße das Unterrichtungs- bzw. Lehrveranstaltungsgeschehen, z.B. durch die Festlegung der Aktionsform und durch die Medienwahl.[51]

Im Rahmen des Aufsatzes wird herausgestellt, dass der Sozialform der Gruppenarbeit bei der Fallbearbeitung eine besondere Rolle zukommt. Gruppenarbeit ist wiederum mit eigenen Problemkreisen verbunden. Zwischen allen Aspekten von Lehre bestehen unweigerlich Interdependenzen. Daher muss sich jeder Lehrende bei der Planung von fallorientierter Lehre auch immer möglicher Umsetzungsschwierigkeiten bewusst werden, welche über den unmittelbaren Fallbezug hinausgehen. Das Bewusstsein ist in der Lehrveranstaltungspraxis für das Gelingen der Fallarbeit unabdingbar, sofern der Fall in Gruppen bearbeitet wird. Diese Schlussfolgerung kann ohne weiteres auf andere Sozialformen entsprechend übertragen werden. Vom Lehrenden ist insofern unter Beachtung praktischer Restriktionen eine möglichst ganzheitliche Planung zu fordern.

Mehrfach wird auf die Beachtung der Sicht der Studierenden hingewiesen. Daraus ergibt sich die Forderung, deren Feedback einzufordern. Eine Möglichkeit ist der Einsatz eines Feedbackbogens, da auf diese Weise eine schnelle und umfassende Rückmeldung möglich ist. Dabei ist darauf zu achten, dass nicht ausschließlich gebundene Antwortmöglichkeiten bestehen. Vielmehr ist auch Raum für freie Antwortmöglichkeiten zu lassen, da damit differenziertere Rückmeldungen und Rückschlüsse auf Ursachenzusammenhänge möglich sind.

Als abschließendes Urteil wird nochmals auf REINHARDT (1994) und SPETH (1981) verwiesen: Fall-Arbeit ist lohnend. Sie ist gründlich vorzubereiten und muss auch allgemeingültig Wissen vermitteln. Durch das Feedback der Studierenden kann zur sinnvollen permanenten Weiterentwicklung beigetragen werden.

---

[51] Vgl. HAUPTMANN (1999), S. 82.

Literaturverzeichnis

[AEBLI (1987)] AEBLI, HANS (1987): Grundlagen des Lehrens. Eine Allgemeine Didaktik auf psychologischer Grundlage, Verlag Ernst Klett – Cotta Stuttgart

[AEBLI (1980)] AEBLI, HANS (1980): Denken, das Ordnen des Tuns. Band 1: Kognitive Aspekte der Handlungstheorie, Verlag Ernst Klett – Cotta Stuttgart

[ALLEN et al. (2005)] ALLEN, FRANÇOISE / TALOR, ALEXIS / TURNER, TONY (2005): Active Learning. in: CAPEL, SUSAN / LEASK, MARILYN / TURNER, TONY (Editor, 2005): Learning to Teach in the Secondary School. A Companion to School Experience, 4th Edition, Routledge London, S. 258 – 275

[ASCHERSLEBEN (1985)] ASCHERSLEBEN, KARL (1995): Moderner Frontalunterricht. Neubegründung einer umstrittenen Unterrichtsmethode, Verlag Peter Lang Frankfurt am Main

[BÖNISCH (2002)] BÖNISCH, MANFRED (2002): Unterrichtsmethoden – kreativ und vielfältig. Unter Mitarbeit von Astrid Kaiser, in: BÖNISCH, MANFRED / KAISER, ASTRID (2002): Basiswissen Pädagogik. Unterrichtskonzepte und -techniken. Band 1, Schneider Verlag Hohengehren

[BONSEN / HEY (O.J.)] BONSEN, ELISABETH / BONSEN, GERNHARD (O.J.): Kompetenzorientierung – eine neue Perspektive für das Lernen in der Schule. IPTS-Regionalseminar Mitte Kronshagen bei Kiel

[BRESLAUER (1999)] BRESLAUER, KLAUS (1999): Zur Verzahnung von Klassenunterricht und Freier Lernarbeit. in: SEITZ, OSKAR (Hrsg., 1999): Freies Lernen. Grundlagen für die Praxis, Auer Verlag Donauwörth, S. 68 – 80

[VAN BUER et al. (1999)] BUER, JÜRGEN VAN / NEBEN, ASTRID / WAHSE, JÜRGEN (1999): Berufsbildungsbericht Berlin 1999. Senatsverwaltung für Arbeit, Berufliche Bildung und Frauen Berlin

[ELLIS (2005)] ELLIS, JULIA (2005): Creativ Classroom Teaching. in: KINCHELOE, JOE L. (Editor, 2003): Classroom Teaching. An Introduction, Peter Lang Publishing New York, S. 241 – 260

[GLÖCKEL (2003)] GLÖCKEL, HANS (2003): Vom Unterricht. 4. Auflage, Verlag Julius Klinkhardt Bad Heilbrunn / Obb.

[GUDJONS (2003)] GUDJONS, HERBERT (2003): Didaktik zum Anfassen. Lehrer/in-Persönlichkeit und lebendiger Unterricht, 3., durchgesehene Auflage, Verlag Julius Klinkhardt Bad Heilbrunn / Obb.

[HAUPTMANN (1999)] HAUPTMANN, HANNES (1999): Rhythmisierung des Unterrichts unter dem Aspekt der Verzahnung von Offenheit und Geschlossenheit. in: SEITZ, OSKAR (Hrsg., 1999): Freies Lernen. Grundlagen für die Praxis, Auer Verlag Donauwörth, S. 81 – 101

[KAISER / KAMINSKI (1997)] KAISER, FRANZ / KAMINSKI, HANS (1997): Methodik des Ökonomie-Unterrichts. Grundlagen eines handlungorientierten Lernkonzepts, 2. Auflage, Verlag Julius Klinkhardt Bad Heilbrunn / Obb.

[KLAFKI (1964)] KLAFKI, WOLFGANG (1964): Didaktische Analyse als Kern der Unterrichtsvorbereitung. in: ROTH, HEINRICH / BLUMENTHAL, ALFRED (Hrsg., 1964): Grundlegende Aufsätze der Zeitschrift „Die Deutsche Schule". Schroedel Verlag Hannover, S. 5 – 22

[MATHES (2006)] MATHES, CLAUS (2006): Wirtschaft unterrichten. Methodik und Didaktik der Wirtschaftslehre, 4. überarbeitete und erweiterte Auflage, Verlag Europa-Lehrmittel Haan-Gruiten

[MCCORMICK / LEASK (2005)] MCCORMIK, JOHN / LEASK, MARILYN (2005): Teaching Styles. in: CAPEL, SUSAN / LEASK, MARILYN / TURNER, TONY (Editor 2005): Learning to Teach in the Secondary School. A Companion to School Experience, 4th Edition, Routledge London, S. 278 – 291

[MEYER (2002)] MEYER, HILBERT (2002): Unterrichtsmethoden I: Theorieband. Cornelsen Verlag Scriptor Berlin

[MEYER (2000)] MEYER, HILBERT (2000): Unterrichtsmethoden II: Praxisband. Cornelsen Verlag Scriptor Berlin

[PANCRATZ (1996)] PANCRATZ, GEORG (1996): Handlungsorientierter Unterricht an kaufmännischen Schulen. Hintergrund, Konzepte, Beispiele, 2. völlig überarbeitete und erweiterte Auflage, MerkurVerlag Rinteln

[REINHARDT (1994)] REINHARDT, EGON (1994): Grundlagen des Lehrens und Lernens. Anwendungsbezogene pädagogische Wissenschaft, 1. Auflage, Winklers Verlag Gebrüder Grimm Darmstadt

[SCHLAG (1995)] SCHLAG, BERNHARD (1995): Lern- und Leistungsmotivation. UTB für Wissenschaft – Leske und Budrich Verlag Opladen

[SPETH (1981)] SPETH, HERMANN (1981): Methodik und Didaktik des Wirtschaftslehre Unterrichts. Band 3: Die Unterrichtsformen im Wirtschaftslehre-Unterricht, 3. Auflage, Merkur Verlag Rinteln

[STEINDORF (1995)] STEINDORF, GERHARD (1995): Grundbegriffe des Lehrens und Lernens. 4. Auflage, Verlag Julius Klinkhardt Bad Heilbrunn /Obb.

[WEITZ (2003)] WEITZ, BERND O. (2003): Lehren und Lernen. Hochschuldidaktische Schriften des Instituts für Betriebswirtschaftslehre, Beitrag Nr. 10/2003, Wirtschaftswissenschaftliche Fakultät der Martin-Luther-Universität Halle-Wittenberg Halle (Saale)

Anhang: Erfolgskriterien handlungsorientierter fallbezogener Lehre

Die nachfolgende Tabelle gibt mögliche Kriterien zur Bewertung handlungsorientierter fallbezogener Lehre wieder. Diese können sowohl zur Bewertung aus Sicht der Studierenden als auch des Lehrenden herangezogen werden (Evaluation und Feedback). Zu beachten ist, dass die Auflistung weder abschließend noch in allen Teilen verbindlich ist. Vielmehr ist eine situative Anpassung (Verkürzung oder Erweiterung) geboten.

Tabelle 1: Erfolgskriterien handlungsorientierter fallbezogener Lehre

Nr.	Kriterium
1	**Kompetenzerwerb insgesamt**
1a	• Ganzheitliches Wissen (Kenntnisse aus verschiedenen Wissensbereichen)
1b	• Fachkompetenz (Kenntnisse der Fachwissenschaft und Strukturen)
1c	• Problemlösekompetenz (Übertragbarkeit der erworbenen Kenntnisse auf neue Sachverhalte)
1c	• Methodenkompetenz (Aneignung von Verfahren zu Wissensaneignung und Fallbearbeitung)
1d	• Sozialkompetenz (Kooperation und Kommunikation innerhalb der Lerngruppe)
2	**Handlungsorientierung** (produkt- und prozessorientierte aktive praktische Auseinandersetzung mit der Sache)
3	**Motivation insgesamt**
3a	• Beeinflussung der Bereitschaft, sich mit der Sache auseinanderzusetzen durch die Lehrveranstaltungsgestaltung
3b	• Beteiligung am Lehrveranstaltungsgeschehen
3c	• Beteiligung der Studierenden bei der Gestaltung der Lehrveranstaltung
4	**Verhalten des Lehrenden insgesamt**
4a	• Erarbeitung der Problemstellung mit den Studierenden
4b	• Konstruktive Hilfestellung und Lenkung
4c	• Störende Eingriffe in den Lernprozess
4d	• Strukturierung und Organisation des Lernprozesses
4e	• Sequenzierung der Lehrveranstaltung
5	**Zielorientierung insgesamt**
5a	• Transparenz der Stunden- und Lernziele
5b	• Transparenz des Zusammenhangs zwischen Fall und Lernzielen
5c	• Passung von Methode und Ziele
6	**Fallgestaltung**
6a	• Animation zur selbstständigen aktiven Erarbeitung und Fallbearbeitung
6b	• Berücksichtigung der Vorkenntnisse der Studierenden

6c	• Realistische Fallgestaltung (Realitätsbezug und Praxisbezug)
6d	• Klare Problem- und Konfliktsituation
6e	• Ergebnisoffene Entscheidungen und Interpretationsmöglichkeiten bei der Problemlösung
6f	• Schlüssigkeit und Logik des Falls (Der Fall ist in sich geschlossen und logisch.)
6g	• Konkrete, nicht abstrakte Formulierung des Falls
6h	• Überschaubarkeit des Falls
6i	• Fallbearbeitung und Lösbarkeit im gesetzten zeitlichen Rahmen
6j	• Hilfestellung durch Materialien
6k	◦ Zielführung der Materialien
6l	• Hilfestellung durch Leitfragen
6m	◦ Zielführung der Leitfragen
6n	• Gegenwartsbedeutung des Falls
6o	• Zukunftsbedeutung des Falls
7	**Befindlichkeit in der Lehrveranstaltung insgesamt**
7a	Arbeit in der Gruppe
7b	Zusammenarbeit innerhalb der Gruppe
7c	Verfolgung von Eigeninteressen innerhalb der Gruppe
7d	Eigene Einbringung in die Gruppenarbeit
7e	Hilfestellung für die eigene Person in der Gruppe
8	**Beachtung curricularer Rahmenbedingungen**
9	**Gesamteinschätzung**

Quelle: eigene Erstellung

BEI GRIN MACHT SICH IHR WISSEN BEZAHLT

- Wir veröffentlichen Ihre Hausarbeit,
  Bachelor- und Masterarbeit

- Ihr eigenes eBook und Buch -
  weltweit in allen wichtigen Shops

- Verdienen Sie an jedem Verkauf

Jetzt bei www.GRIN.com hochladen
und kostenlos publizieren

Lightning Source UK Ltd.
Milton Keynes UK
UKHW041838011118
331616UK00001B/76/P

9 783668 569058